A SUPREMA ALEGRIA

Márcio Alves

By Márcio Alves
Copyright Vine Press©2016
Todos os direitos reservados

A SÚPREMA ALEGRIA

Márcio Alves

Coordenação
Adriano Freitas

Revisão
Marcos Botelho

Capa e Projeto Gráfico
Michele Fogaça

Diagramação
Michele Fogaça

A suprema alegria

Márcio Alves

© 2016 Vine Press

Primeira edição - 2016

© 2016 Márcio Alves

Publicado com a devida autorização de Márcio Alves, por Vine Press Publicações

Todos os direitos reservados por Editora Vine Press
Rua Boaventura, 1480, Liberdade - Belo Horizonte/MG
Cep 31.270-310
editoravinepress@gmail.com
www.celulashop.com
Todos os direitos reservados.

Nenhuma parte deste livro poderá ser reproduzida sem permissão por escrito, exceto para breves citações, com indicação da fonte.

Exceto em caso de indicação em contrário, todas as citações bíblicas foram extraídas da Bíblia Sagrada Edição Revista e Atualizada, 2ª edição, de João Ferreira de Almeida (RA), © 1993, Sociedade Bíblica do Brasil. Todos os direitos reservados.

Dados Internacionais de Catalogação na Publicação (CIP-Brasil)

Alves, Márcio
A suprema alegria, Márcio Alves
Belo Horizonte: Vine Press, 2016
ISBN: 978-1-939861-25-2
1. Vida Cristã. 2. Espiritualidade I. Título

Dedicatória

As palavras somem quando estamos diante de uma mãe e um pai que acabaram de perder seu filho. Nesses momentos inesperados, não existem palavras para expressar e nem descrever os sentimentos.

A atenção silenciosa, o toque, a presença junto a família, muitas vezes é o que nos compete diante de todo este cenário. A oração declarando a soberania de Deus e o Seu infinito amor é o que nos acalma e fortalece.

Essa situação adversa e inesperada passa e nos deixa marcas profundas. O que fica é a saudade, a necessidade de restauração e a decisão de continuar e cumprir o propósito do Senhor. E para os Filhos de Deus, sabemos que a morte não é o fim, mas o próximo passo para a eternidade.

Raphael, Juliana, Pedro e André, vocês são fontes inesgotáveis que me ensinam a real definição das palavras: perseverança e mais do que vencedores.

O Jojo será sempre o nosso Capitain America. Mas, além disso e acima de tudo, ele será lembrado como filho de Deus, alguém que hoje está tendo 'joy' no colo do Pai, 'having fun with Jesus'.

Fazer parte da história de vocês foi um dos grandes e mais importantes marcos em minha vida. Eu nunca mais serei o mesmo. Amo vocês com toda a minha força e além delas, pois os tenho amado com o amor de Cristo. Como sou grato a Deus por caminharmos juntos!

Sumário

Dedicatória 5

Introdução 9

Cap. 1 – A alegria residente 13

Cap. 2 – A alegria não é ausência de problemas 21

Cap. 3 – Vestes de louvor 31

Cap. 4 – Liberando a alegria na vida da igreja 39

Cap. 5 – Exalando o bom perfume de Cristo 53

Cap. 6 – O ladrão que tenta promover o abatimento 61

Cap. 7 – Não basta termos a alegria em nós. Precisamos expressá-la .. 71

Cap. 8 – O regozijo que vence o mundo 83

Cap. 9 – Alegre-se com o mover de Deus 93

Conclusão 101

Introdução

A alegria de servir a Deus

A alegria traz cor à nossa vida. É algo maior do que a felicidade. É mais do que simplesmente ter o riso solto. A verdadeira alegria está intimamente relacionada com a paz e a fé.

Por sua vez, a felicidade baseia-se em acontecimentos, eventos. Há necessidade de fatos exteriores, os quais nossos sentimentos estão envolvidos. Mas a alegria é a própria expressão da pessoa de Cristo em nós. É a perpetuação quando estamos amalgamados com o Espírito do Senhor.

A felicidade está ligada ao êxtase, a alegria está ligada ao próprio Deus. A felicidade ou a falta dela, se conecta ao momento, todavia a alegria está conectada com toda a nossa existência.

A alegria é sempre presente na vida do servo do Altíssimo. Ela não se baseia em circunstâncias, mas se fundamenta na autoridade do Espírito residente em nós para cumprir o propósito de Deus! O Senhor afirmou: "tenho dito estas palavras para que a minha alegria esteja em vocês e a alegria de vocês seja completa." (João 15:11)

O quanto é saudável, abençoado e primordial vivermos cheios de regozijo em nosso coração. Logicamente, temos maturidade e discernimento para compreendermos que haverão momentos de crises, pressões e batalhas. Em muitos momentos não estaremos sorrindo, mas a alegria do Senhor sempre está em nós.

Quando a presença do Senhor se manifesta através das nossas atitudes e palavras, tudo o que está ao nosso redor é afetado, manifestando o Reino de Deus ao mundo, nos tornando, agentes de influência.

Por não terem revelação da alegria residente, muitos vivem cheios de conflitos e não desfrutam da verdadeira vida abundante que estamos testemunhando neste livro. Caminham com base nas coisas exteriores, confundem conceitos e teorias humanas, ao ponto de acharem que até mesmo a seriedade seja ausência de alegria.

Já ouvi muitos comentários dizendo: "você é muito sério". Penso que, pelo fato de ser mais reservado, alguns desconfiem que eu não seja alegre. Mas se enganam. É completamente possível ser sério e ao mesmo tempo ser alguém que vive cheio da alegria do Senhor. Meu comportamento tem a ver com a minha personalidade, mas a minha alegria tem a ver com a vida e o caráter de Deus em mim.

Capítulo Um

A ALEGRIA RESIDENTE

> Mas o fruto do Espírito é: amor, **_alegria_**, paz, longanimidade, benignidade, bondade, fidelidade, mansidão, domínio próprio. Contra estas coisas não há lei. Gálatas 5:22 (grifo nosso)

O fruto do Espírito é a expressão do próprio Deus em nós. O Espírito Santo habita em nosso espírito recriado, sendo assim, podemos ver e experimentar desse fruto em nossa vida.

Ao contrário do que muitos afirmam, esse texto deixa claro que não existem muitos 'frutoS' do Espírito, como algo no plural. Se fossem muitos 'frutos', alguns poderiam pensar que têm uns, mas não tem outros. Todavia, como o texto menciona o fruto do Espírito no singular, significa que todos podemos desfrutar de forma incondicional e completa dele, não em partes.

O sentido aqui é literalmente podermos desfrutar de tudo. Quem tem o Espírito Santo, tem tudo aquilo que Ele proporciona. Deus é o Criador e o Todo-poderoso.

Então, se Ele vive em mim e uma das Suas expressões é a alegria, posso concluir que existe uma fonte inesgotável em meu coração.

Devemos entender, que é mais do que um estado momentâneo, precisamos compreender que essa é uma condição vitalícia. O dia em que o Espírito Santo entrou em nosso espírito, houve uma junção poderosa. Fomos conectados, unidos de tal maneira que nunca mais poderemos ser separados. Por esse motivo, a Palavra afirma: "mas aquele que *se une ao Senhor é um* espírito com Ele" (1 Coríntios 6:17).

Se tudo isso é verdade, por que então algumas vezes nos sentimos felizes e outras tristes? A alegria do Senhor está limitada aos nossos sentimentos? Certamente não.

Primeiramente lembre-se que a alegria do Senhor é uma pessoa e o seu nome é Jesus Cristo.

Quanto a felicidade, ela está associada aos sentimentos, e aos fatores externos.

E sobre a tristeza ela converge com o exterior. Neste aspecto precisamos ter a sabedoria do alto para discernirmos o que está ocorrendo. Esse sentimento de tristeza, pode ser um sinal de alerta de que algo vai mal e precisamos entender, descobrir e lidar com o que está nos levando por esse caminho.

Entretanto, por mais que passemos por lutas, pressões e até momentos de tristeza, a alegria é imutável, porque esse é um dos mais tremendos atributos de Deus e isso é uma verdade. Ela não sairá e nem desaparecerá. Definitivamente, quando falhamos, o Senhor não nos deixa e nem nos abandona. Nosso Deus é um Deus de aliança. Que maravilhosa expressão de Sua graça!

Talvez possa me questionar: "por que em algumas situações a alegria não é expressa?" Posso dizer que existem situações em nossa vida que procuram (e algumas vezes até conseguem por um tempo) sufocar nossa alegria. Todavia, isso não passa de um momento, pois é impossível destruir a alegria do Senhor em nós. A alegria faz parte do fruto do Espírito, e para destruí-la, teria que destruir o próprio Deus, e sabemos que isso não é possível. Sendo assim, mesmo que ela não se manifeste por um momento, jamais poderia dizer que ela não esteja em mim.

Nesse sentido, o meu próximo passo é identificar o que está sufocando a alegria do Senhor em mim. Imagine o seguinte: existe uma mangueira de água no seu jardim e você precisa abri-la para aguar as plantas. Sem essa bendita água, suas plantas jamais terão a vida e a cor que foram criadas para expressar. Embora você não veja a água que está dentro da mangueira, pode acreditar em mim, ela está pronta para ser usada. O que falta? Falta liberar o registro que prende a água, falta liberar o que está retendo essa enxurrada abundante que você tanto precisa.

Por tudo isso, ter alegria é uma questão de fé, de convicção e principalmente de revelação. Da mesma forma que cremos que fomos salvos de uma vez por todas, precisamos crer nessa poderosa verdade: cada filho de Deus recebeu junto com a salvação a graça de ter alegria operando constantemente em sua vida. O Senhor que prometeu é fiel e Ele nos diz: "***De maneira alguma te deixarei, nunca jamais te abandonarei***". (Hebreus 13:5)

O fruto do espírito é para agora

Deus nos deu dons irrevogáveis (Romanos 11:29). Isso significa que se o Senhor nos deu, devemos nos apropriar disso. O dom que veio de Deus, não pode ser perdido. Em Gálatas 5:22 diz: o fruto do Espírito é. Não se diz que esse fruto foi (se referindo ao passado) ou ainda será (se referindo ao futuro), mas que ele é. Aleluia. Podemos desfrutar hoje dessa maravilhosa bênção. O Senhor é um socorro bem presente em todo o tempo em nossa vida.

> Deus é o nosso refúgio e fortaleza, socorro **bem presente** nas tribulações. Portanto, não temeremos ainda que a terra se transtorne e os montes se abalem no seio dos mares; ainda que as águas tumultuem e espumejem e na sua fúria os montes se estremeçam. Há um rio, cujas correntes alegram a cidade de Deus, o santuário das moradas do Altíssimo. **Deus está no meio dela**; jamais será abalada; Deus a ajudará desde antemanhã. Salmo 46:1-5 (grifo nosso)

Talvez agora mesmo você esteja passando por grandes tribulações. Talvez você esteja rodeado de problemas, de um ambiente sombrio. Quantas notícias ruins. Tudo muito complicado. Quanta dor, quantos desajustes. Mas há uma provisão de alegria para aqueles que são filhos de Deus. Essa alegria não é apenas um sentimento, mas uma arma e uma capacitação. É a força que nos sustenta em meio às adversidades e nos conduz em glória. É ela que nos guarda para que não sejamos abalados. Creia nessa Palavra. Volte-se para o seu coração e declare em fé isso ao Senhor.

Entenda: quando estamos doentes precisamos de cura, quando estamos sozinhos, precisamos de companhia, quando estamos com frio, precisamos de aquecedor, quando estamos tristes precisamos de alegria. Lembre-se: Cristo em vós, esperança da glória.

Alegrai-vos sempre no Senhor

Alegrai-vos sempre no Senhor; outra vez digo: alegrai-vos. Paulo por duas vezes afirma: "alegrem-se sempre no Senhor". Essa dupla ênfase do apóstolo nos mostra que a alegria não pode ser circunstancial e nem opcional em nossa vida. Não importa qual seja o problema que enfrentemos, o Senhor sempre será a resposta para a nossa vitória.

Constantemente somos rodeados de situações complexas, às vezes até impossíveis. Todavia, aquilo que é impossível para o homem é possível para Deus (Lucas 1:37). A alegria do Senhor nos concede força. A gratidão em nosso coração – que é uma das mais evidentes expressões da alegria de Deus – abre as portas para o sobrenatural em nossa vida.

Lembre-se que no Getsêmani houve angústia e tristeza. Na Cruz Ele suportou o pecado de toda a humanidade sobre Si. Como? "Ele, ***pela alegria*** que lhe fora proposta, suportou a cruz, desprezando a vergonha, e assentou-se à direita do trono de Deus." Hb 12:2

Por isso, a alegria deve ser uma 'marca' em nossa vida e ministério, pois 'Ele levou sobre si'. Levou o que? Toda nossa condenação. Somos livres. Precisamos ser trasbordantes de júbilo em nossa vida, no nosso casamento, trabalho, ministério, em tudo, pois somos livres.

Eu sei que a ansiedade tem sido um grande mal, e tem levado cada vez mais pessoas por um caminho de medo, insegurança, insatisfação, descontrole, depressão. Esse texto está nos mostrando mais uma maravilhosa verdade sobre a alegria: ela é o remédio para vencermos todas as doenças que têm assolado a alma do homem. Uma vida de contentamento é uma vida de comunhão com o Senhor. Quem tem um coração alegre e grato diante de Deus experimenta paz celestial – que excede todo o entendimento e guarda o nosso coração em Cristo Jesus.

Capítulo Dois

A ALEGRIA NÃO É AUSÊNCIA DE PROBLEMAS

Cristo disse: "no mundo tereis aflições, ***mas tende bom ânimo***, eu venci o mundo." João 16:33. Veja que Alegria não é ausência de problemas, mas diante deles eu sei que tenho a presença de Deus. A palavra do Senhor diz que podemos nos regozijar, termos ânimo, pois o próprio Deus venceu as aflições do mundo.

Todos passam por desertos, pressões e grandes desafios. Mas é a presença de Deus que nos fortalece para vencermos cada batalha. O salmista disse: "O Senhor é a minha força e o meu escudo; nele o meu coração confia, e dele recebo ajuda. Meu coração exulta de alegria, e com o meu cântico lhe darei graças." (Salmo 28:7)

O que acontece é que as pessoas se acostumaram a viver cercadas apenas de problemas, lutas e se esqueceram de viver e desfrutar da beleza do Senhor em suas vidas. O pior é que muitos pensam que não lhes é dado o direito de serem alegres e nem mesmo expressarem essa maravilhosa experiência de serem fortalecidos pela alegria do Senhor. "Não vos entristeçais, porque a alegria do Senhor é a vossa força." (Neemias 8:10)

Muitos se acomodam com as crises, perseguições e até mesmo derrotas. Parece estranho, mas cada vez mais pessoas tem sido tendenciosas à acomodação com tudo em sua vida: inclusive com as coisas ruins. Sabe de uma coisa que muitos crentes acabaram permitindo? Que as circunstâncias sufoquem a alegria do Senhor em suas vidas.

Logicamente, existem circunstâncias que fogem ao nosso controle e tentam nos abater. Podemos mencionar muitas delas: doenças, perdas, fracassos, mortes, divisões. Todas elas têm o seu devido lugar, um devido tempo e acabam por afetar direta ou indiretamente nossa vida. É exatamente isso que o apóstolo Paulo fala em sua Carta aos Romanos: "e não somente isto, mas também nos gloriamos nas próprias tribulações, sabendo que a tribulação produz perseverança; e a perseverança, experiência; e a experiência, esperança".

Diante disso, pense da seguinte maneira: a perda de uma batalha certamente nos entristecerá de forma momentânea, mas isso não poderá jamais, acabar com a nossa alegria. Se olharmos para o Senhor, seremos fortalecidos e sairemos dessa situação mais dependentes do Pai.

Por esse motivo, devemos entender que perder uma batalha não significa perder a guerra. Podemos carregar as cicatrizes dos combates em nossos corpos, mas elas não poderão nos matar.

As guerras certamente nos abalam, nos afligem, mas em Cristo Jesus a alegria serve como uma fonte de restauração absolutamente possível. E lhe digo mais, ela é permanente. Lembre-se que ela não é opcional e nem simplesmente um sentimento. Na verdade, a alegria é uma das manifestações do fruto do Espírito Santo.

O evangelho é a manifestação das boas-novas do Senhor. Jesus veio para nos dar alegria completa. Por isso, a ordem de Deus é: "alegrai-vos".

As Escrituras afirmam no livro de Gálatas que o fruto do Espírito 'É'. Paulo não está sugerindo que a alegria seja uma possibilidade, ele está afirmando categoricamente que já "É" uma realidade do próprio Cristo. Essa é uma maravilhosa bênção dada por Deus. Bem-aventurados são aqueles que recebem a revelação dessa preciosa verdade.

O apóstolo Paulo não foi alguém que simplesmente falou da alegria como uma experiência utópica, uma bela teoria. Com a exceção do Senhor Jesus, talvez não haja ninguém no Novo Testamento que tenha sofrido mais perseguições, pressões e dores do que ele. Contudo, foi ele quem declarou: "alegrai-vos sempre no Senhor; outra vez digo: alegrai-vos".

Saiba que não estou desconsiderando as crises que acontecem no processo em servir a Deus, pelo contrário, sei que existe o tempo e o modo, mas também posso afirmar que não se resume somente a isto, a sua vida cristã.

Um cristão que vive permanentemente dando testemunho de crises, que constantemente caminha debaixo de lutas, cuja vida é uma expressão de tristeza, deve avaliar o quanto este testemunho está honrando o Senhor. Será que a fonte dessas lutas vem de Deus, é um ataque do inimigo ou uma consequência das escolhas que ele mesmo fez? Muitas vezes sofremos por crermos de forma equivocada, defendendo pensamentos que não se harmonizam com a Palavra de Deus.

Muitos talvez pensem que viver sempre em situações de pressão, enfrentando batalhas pareça ser até algo espiritual, como seguir um "alto padrão" de fé. Mas isso não se parece com a vida cristã normal, com a vida que o Senhor Jesus viveu. As Escrituras afirmam que nós recebemos vestes de louvor, óleo de alegria. Se fomos revestidos de Cristo, podemos viver como Ele viveu.

Ser cristão é celebrar a liberdade de Jesus. O Senhor nos fez com entusiasmo e nos chamou para vivermos em abundância. Viver com alegria é andar em fé, é caminhar rumo à glória, é viver como cidadão do céu em um mundo que jaz no maligno. Vivemos assim porque somos herdeiros do Senhor, chamados para viver como Ele viveu e expressar a Sua graça.

E as lutas e tribulações, onde ficam nisso tudo?

> Afligi-vos, lamentai e chorai. Converta-se o vosso riso em pranto, e a vossa alegria, em tristeza. Humilhai-vos na presença do Senhor, e ele vos exaltará. Tiago 4:9-10

Muitos pregam uma falsa mensagem do Evangelho do tipo: "venha para Jesus e a sua vida será somente de vitórias; aceite a Jesus e todos os seus problemas acabarão". Essa mentalidade não está em concordância com aquilo que o Senhor nos ensinou.

Jesus passou por tribulações e nós passaremos também. Não estamos isentos de enfrentarmos problemas. Algumas pessoas podem pensar: "se a alegria está em minha vida, eu nunca terei tristezas, crises ou lutas". Não se engane, nesse mundo enfrentaremos ocasiões como estas. Contudo, assim como o Senhor enfrentou e venceu todas elas, Ele também nos capacitou com o mesmo Espírito para superá-las. Em Cristo Jesus, somos mais que vencedores (Romanos 8:37).

O apóstolo Tiago, em sua epístola, nos ensina que devemos ter por motivo de alegria o passarmos por provações. O caminho para manifestarmos o caráter de Jesus Cristo em nossa vida, também passa por testes e provações. "*Meus irmãos, tende por motivo de toda **alegria** o passardes por várias provações, sabendo que a provação da vossa fé, uma vez confirmada, produz perseverança. Ora, **a perseverança deve ter ação completa**, para que sejais perfeitos e íntegros, em nada deficientes.*" Tiago 1:2-4

Há algo que me chama atenção nessa preciosa carta: o apóstolo começa falando sobre termos alegria no meio das lutas, mas depois exorta alguns irmãos a converterem a sua alegria em pranto. Não parece contraditório? De forma alguma. Isso somente demonstra que existem dois tipos de alegria. Existe uma alegria que é verdadeira e manifesta Cristo em nossa vida e outra que é natural e expressa a natureza caída do diabo.

No capítulo 4, ele mostra que aqueles que vivem no padrão do mundo – de forma natural e caída – experimentam grandes contendas e guerras em seus relacionamentos: *"de onde procedem guerras e contendas que há entre vós? De onde, senão dos prazeres que militam na vossa carne? Cobiçais e nada tendes; matais, e invejais, e nada podeis obter; viveis a lutar e a fazer guerras. Nada tendes, porque não pedis; pedis e não recebeis, porque pedis mal, para esbanjardes em vossos prazeres. Infiéis, não compreendeis que a amizade do mundo é inimiga de Deus?"* Tiago 4:1-4. Não tem como sermos amigos do mundo e de Deus. Quem é amigo do mundo inevitavelmente será inimigo dos planos do Senhor.

A alegria que é fruto do Espírito sempre manifestará o amor a Deus e ao próximo. Mas a falsa alegria – aquela que é do mundo – será sempre momentânea e superficial. O foco da alegria mundana está no ego. O mundo sempre tenta imitar o fruto verdadeiro do Espírito apresentando um fruto podre da carne. Em um determinado momento, aquilo que está firmado na areia irá cair e haverá grande perda. A realidade expressará o seu dano e será motivo de separação, divisão, morte e tristeza na vida do homem.

Quem vive correndo atrás dessa alegria natural sofrerá grandes prejuízos e terá imensas frustrações, porque ela é caída, ilusória e nunca é o suficiente. Quem tem alegria do Senhor certamente passará por provações, mas verá a fidelidade de Deus se cumprindo em sua vida.

Você conhece pessoas que o tempo todo fingem ser felizes, mas que vivem angustiadas? Tiago está diferenciando esses dois tipos de alegria e nos exorta: "mude essa alegria, falsa, mentirosa, passageira, pelo quebrantamento que lhe conduz à verdade. Rejeite o que é imitação e se aproprie daquilo que é verdadeiro, permanente e de Deus para sua vida".

Os ciclos e estações fazem parte da nossa vida

Fazendo a analogia das estações do ano, me permita falar sobre momentos e circunstâncias em nossa vida. Deus é tão sábio e Ele mesmo estabeleceu os tempos e as estações (Daniel 2:21). Assim como acontece na natureza, nós também passaremos por ciclos e estações. Haverão momentos em nossa caminhada que a nossa alegria não estará sendo tão expressa, pois se trata de uma estação de lutas, de crises. Muitos chegam a declarar: "não tenho mais alegria nisso, perdi a minha alegria". Essa é uma afirmação equivocada e que pode trazer muitos prejuízos.

Não importa qual seja a batalha que você esteja enfrentando. Sempre haverá provisão de Deus para superar e vencer. A alegria é uma fonte do Senhor. Ela apenas não está se manifestando, naquele momento. Contudo, se observar, você perceberá que ela sempre esteve lá.

Precisamos ter a sabedoria do alto e crer. É necessário disposição para confiar na graça do Senhor Jesus e não retroceder. Em algumas estações, seremos desafiados a, assim como nosso pai na fé – Abraão – esperar contra a esperança e crer. A Palavra afirma que ele, sem enfraquecer na fé – mesmo tendo um corpo já amortecido com cem anos e sua esposa de idade avançada –não duvidou. Pela fé, Abrão se fortaleceu dando glória a Deus (Romanos 4.18-20). A fé libera e manifesta o Fruto que está dentro de nós.

Devemos então identificar o que está sufocando e liberarmos fé para experimentar dessa manifestação de Cristo. É isso o que está escrito: *"por isso, não desanimamos; pelo contrário, mesmo que o nosso homem exterior se corrompa, contudo, o nosso homem interior se renova de dia em dia.*" (2Coríntios 4:16)

Precisamos aprender a ativar o nosso espírito, recebermos a sabedoria do alto para removermos tudo aquilo que impede a manifestação da vida do Senhor em nós.

O ponto chave não é mais buscar a alegria, nem buscar a paz, o amor, a mansidão ou qualquer das manifestações do fruto do Espírito. Mas retirar o que está impedindo o liberar deste fruto, que já está amalgamado em nós.

Capítulo Três

Vestes de louvor

> Veste de louvor, em vez de espírito angustiado; a fim de que se chamem carvalhos de justiça, plantados pelo SENHOR para a sua glória.
> Isaías 61:3

Roupas na Bíblia apontam para os nossos atos de justiça (Apocalipse 19:8). Antes de conhecermos a Jesus, nossas obras eram como trapos de imundícia. Mas na cruz, algo poderoso e inexplicável aconteceu. O Senhor levou sobre si toda a nossa injustiça – pecados, transgressões, maldições, derrotas – e nos deu da Sua própria justiça. Cristo se tornou nossa justiça, redenção, santificação e sabedoria (1Coríntios 1:30).

Nossas vestes nos representam

Vestes mostram quem você é e como você está. A maneira que você se veste fala muito a seu respeito. Existem pessoas que somente usam preto como um estilo de escuridão e que indica a perda. Para estes, não há expressão de alegria. Não há prazer em viver, por isso celebram a morte.

Foi feita um estudo sobre o luto no século XIX. O resultado dessa pesquisa nos mostra uma breve leitura do que o mundo já vivia em relação à roupa, à morte e até mesmo à cor: "em sua vida, o vitoriano frequentemente presenciava a morte. Considera-se que, no século XIX, a cada vinte crianças, três morriam antes de seu primeiro ano e a expectativa de vida era de somente 43 anos. As maneiras simples de prevenção de doenças, muitas delas baseadas no controle básico da higiene na preparação de alimentos ou nos partos não eram uma praxe, assim como a freqüente utilização de medicamentos duvidosos de origem caseira aumentavam as chances de falecimento prematuro. Não era nada incomum que se estendesse de um período de luto para outro, os indivíduos passavam um bom tempo de suas vidas cobertos de negro.

Por ser uma sociedade altamente regida pelos códigos de etiqueta, consequentemente, a morte foi também rigidamente regulamentada. Desrespeitar essas regras era considerado um verdadeiro escândalo, um ato de imoralidade. (...)

Jornais de costumes e manuais de etiqueta, muito comuns à época, traziam todas as recomendações e dicas a serem seguidas nesses momentos e eram muito populares entre a classe média. O luto tornou-se um cerimonial complexo, normatizado desde as cartas de condolências até a maneira de conversar com a viúva. Dentro das casas, as cortinas eram abaixadas e os relógios parados na hora do falecimento. Espelhos eram cobertos. A família não se reunia para as refeições enquanto o cadáver estivesse presente. Era aconselhável que se preparassem funerais dispendiosos, erguessem túmulos artisticamente preparados com monumentos ao morto. Todos os detalhes eram observados e mesmo os cavalos que levavam o carro com o caixão deveriam ser pretos e decorados em preto. A determinação em assegurar um funeral decente para os membros da família foi característica seguida por todas as classes na sociedade vitoriana, mesmo quando os gastos colocassem em risco a sobrevivência dos que ficavam. Ninguém queria enterrar seus entes em túmulos medíocres." (Extraído de SCHMITT, Juliana. Mortes Vitorianas:

Corpos e Lutos no Século XIX. 2008. Dissertação – SENAC/SP. pp 77-78)

Vestes também apontam para o seu caráter. Em apocalipse é dito: "Aconselho-te que de mim compres ouro provado no fogo, para que te enriqueças; e roupas brancas, para que te vistas, e não apareça a vergonha da tua nudez; e que unjas os teus olhos com colírio, para que vejas". (Apocalipse 3:18)

O Senhor Jesus disse que a nudez daquela Igreja manifestava a sua condição espiritual. E ainda aconselhou que ela comprasse vestiduras brancas. Roupas brancas na Bíblia significam aquelas que foram redimidas, lavadas pelo sangue do calvário. Há uma íntima correlação entre as vestes brancas e as vestes de louvor, pois ambas apontam para a salvação de Cristo, a cobertura do Sangue e o lavar regenerador do Espírito Santo. Alguém que não foi apenas salvo ou liberto do inferno, mas foi chamado para viver expressando o louvor e a gratidão ao Cordeiro.

Portanto, Deus está falando que as nossas vestes têm a ver com o nosso caráter, com a nossa vida cristã. Tem a ver com deixarmos que o Senhor nos vista, nos cubra com a Sua justiça. Gálatas 3:27 afirma que nós fomos revestidos de Cristo. Aleluia!

Aquele povo de Laodicéia pensava que estava servindo e agradando o Senhor, mas estavam completamente fora do propósito. Embora fossem filhos, estavam vivendo de forma miserável. Embora fossem filhos do Rei, eram pobres, cegos e nus. Essa é uma mensagem para os nossos dias. Há tantos irmãos que têm vivido uma vida que não tem glorificado e louvado o nome do Senhor. É Jesus quem nos cobre, quem nos mostra o padrão, quem nos concede o referencial. Ele quer colocar vestes de louvor sobre nós e nos restaurar para o louvor da Sua glória. Hoje não estamos mais debaixo de luto, mas temos sido chamados para celebrarmos a vida.

A alegria de deus nos acompanha

Nossas vestes representam também o nosso testemunho diante das pessoas. Não basta termos alegria dentro de nós. O Senhor deseja que sejamos canais da Sua influência. A Igreja recebeu o chamado para ser o sal da terra e a luz do mundo. Precisamos demonstrar essa alegria no que fazemos. Isso precisa ser visível para impactar todos que estão à nossa volta. O Senhor coloca em nós essas vestimentas para que a nossa maneira de caminhar, viver e se relacionar se tornem expressão de Cristo para um mundo caído.

Você será honrado ou não, até mesmo pela maneira que você se veste. Cada lugar requer um tipo de vestimenta adequada.

Tudo isso nos mostra que podemos e devemos honrar o Senhor com as nossas vestes. Essas são as roupas que Ele separou para nós: vestes de louvor. Que tudo o que façamos seja para a exaltação da Sua glória.

Tudo o que há em mim bendiga o teu santo nome

Nossa alma não foi criada por Deus para resistir ao cumprimento do propósito eterno. Ela foi criada para, em tudo, bendizer ao Senhor.

Quando temos revelação do quanto fomos alcançados pela graça e pelo amor eterno, não temos outra maneira de vivermos, senão cheios de gratidão e alegria em nossa vida.

Compreender que nossa vida foi revestida, com vestes de louvor, é um meio de obtermos um coração cheio de contentamento. Em primeiro lugar, Ele perdoou todas as nossas iniquidades; é Ele quem sara todas as nossas enfermidades; quem da cova nos redime e nos coroa de graça e misericórdia; quem farta de bens a nossa velhice e renova a nossa mocidade como a da águia; o Senhor é quem faz a justiça e julga todos os oprimidos; é também quem manifesta os Seus caminhos e nos conduz no meio do deserto; é o amado Deus que não nos trata segundo os nosso pecados, nem nos retribui conforme as nossas falhas; como um Pai, Ele se compadece de seus filhos. Mesmo sabendo da nossa estrutura – que somos pó – Ele se importa conosco e nos abençoou com tão grande e incondicional amor!

A verdadeira alegria gera gratidão e nos leva à perfeita adoração. Essa plenitude nos sustenta, nos alimenta e nos guia. Ela nos enche de razão existencial e nos dá forças para enfrentarmos os grandes desafios da vida. Ela é a própria vida de Deus em nós.

Capítulo Quatro

LIBERANDO A ALEGRIA NA VIDA DA IGREJA

O Espírito do SENHOR Deus está sobre mim, porque o SENHOR me ungiu para pregar boas-novas aos quebrantados, enviou-me a *curar os quebrantados de coração*, a proclamar libertação aos cativos e a pôr em liberdade os algemados; a apregoar o ano aceitável do SENHOR e o dia da vingança do nosso Deus; a *consolar todos os que choram e a pôr sobre os que em Sião estão de luto uma coroa em vez de cinzas, óleo de alegria, em vez de pranto, veste de louvor, em vez de espírito angustiado*; a fim de que se chamem

> carvalhos de justiça, plantados pelo SENHOR
> para a sua glória. Isaías 61:1-3 (grifo nosso)

Esse texto não se refere aos ímpios, mas à Igreja. Sião na Bíblia pode apontar para 4 significados: fortaleza, a cidade de Davi, a Igreja e, por fim, a Nova Jerusalém. Portanto, quando fala a Sião, o Senhor está se dirigindo à nós.

Muitas vezes pensamos que, pelo fato de sermos filhos de Deus, não passaremos por aflições. Mas o fato de sermos igreja não quer dizer que estamos isentos de lutas e batalhas. Paulo fala em Efésios 4:27 para não darmos lugar ao diabo. Jesus foi tentado e passou por grandes lutas. Vivemos num mundo que é cheio de morte e viver piedosamente é um grande desafio.

Por isso, é possível sermos Sião e estarmos de luto. É possível as pessoas estarem 'em cinzas', ou seja, vivenciando uma situação de pranto e com grande angústia. No capítulo 60 do livro de Isaías, no verso 14 lemos: "*também virão a ti, inclinando-se, os filhos dos que te oprimiram; e prostrar-se-ão às plantas dos teus pés todos os que te desprezaram; e chamar-te-ão a cidade do Senhor, a Sião do Santo de Israel*".

Isaías, capítulo 61, libera sobre nós uma Palavra profética: o Senhor colocará em nós uma coroa ao invés de cinzas. Cinzas se refere a tudo aquilo que foi consumido, foi destruído, que deixou de existir. Já ouviu essa expressão? Não sobrou nem cinzas! Ou seja, foi esmagado, foi consumido. A Bíblia está afirmando que existem pessoas que, apesar de serem filhos de Deus, estão vivendo em cinzas. São pessoas que têm vivido uma vida que foi massacrada, consumida. Uma expressão daquilo que deixou de existir ou que está em pedaços.

No passado, quando um exército queria aniquilar seu inimigo, ele queimava suas cidades, para que não sobrasse nada, somente cinzas. Cinzas pode significar uma humilhação completa, algo que se perdeu completamente, que perdeu seu estado original ou se tornou insignificante.

No Velho Testamento, quando as pessoas se viam perdidas, sem esperança, sabe o que elas faziam? Elas se vestiam de pano de saco e lançavam cinzas sobre a cabeça. Veja o que está escrito no versículo 5 de Isaías 58: "*Seria este o jejum que escolhi, que o homem um dia aflija a sua alma, incline a sua cabeça como o junco e estenda debaixo de si pano de saco e cinza? Chamarias tu a isto jejum e dia aceitável ao SENHOR?*"

Esse era um sinal de humilhação diante de Deus, no tempo da lei. É como se a pessoa dissesse:

"diante da Sua presença onipotente, eu sou desprezível, insignificante".

Então as cinzas falam sobre tudo o que é insignificante. E é assim que muitos filhos de Deus têm vivido: uma vida acinzentada, sem cor, sem propósito. O texto diz que o Senhor quer tocar a vida daqueles que, em Sião, estão de luto. O sinal de alguém que está de luto são as vestes pretas. Luto é o estado daqueles que estão vivendo diante de uma situação de morte.

E mesmo dentro da igreja, há pessoas que não tem experimentado da vida. Uma vez perguntei a um irmão: "por que você não veio ao culto hoje? A Palavra foi tão poderosa!" Ele respondeu: "pastor não sei, estava sem alegria de ir para o culto. Não tinha vontade, quis ficar na minha casa, não queria ver ninguém". Estar sem alegria é uma mentira de satanás. Muitos irmãos têm vivido a vida da igreja – que deveria ser colorida, gloriosa, cheia de celebração – de forma apática e sem ânimo, totalmente em cinzas.

Cinzas também podem representar o juízo de Deus sobre uma geração. É exatamente isto que vemos nos versículos 4 a 6 de 2Pedro, capítulo 2: "*Ora, se Deus não poupou anjos quando pecaram, antes, precipitando-os no inferno, os entregou a abismos de trevas, reservando-os para juízo; e não poupou o mundo antigo, mas preservou* *a Noé, pregador da justiça, e mais sete pessoas, quando fez vir o dilúvio sobre o mundo de ímpios; e, **reduzindo a cinzas** as cidades de Sodoma e Gomorra, ordenou-as à ruína completa, tendo-as posto como exemplo".*

As cinzas neste aspecto não deveriam ser para os filhos, pois o Senhor nos criou para a abundância. Nenhum pai jamais projeta a derrota, a tristeza ou a destruição para seus filhos. Mas por causa do pecado no jardim do Éden, elas têm atingido também a vida de muitos filhos de Deus.

Deus quer te dar uma coroa no lugar das cinzas

Se alguém está em Cristo, é uma nova criatura. Louvado seja o Senhor Jesus, pois Ele fez tudo novo em nossas vidas! Essa realidade está disponível para todo aquele que crê e confessa que Jesus é o seu Senhor e Salvador.

Deus quer mudar algo de forma poderosa em sua vida. Ele quer tirar as cinzas e te colocar uma coroa (Isaías 61:3a). O que significa a coroa? Coroa significa glória, recompensa, autoridade, honra e reconhecimento.

Deus está querendo pegar aqueles que têm vivido debaixo de humilhação, derrota, tristeza e lhes dar uma coroa de glória para restaurar a alegria, a honra, a autoridade e a vida.

A coroa então é a exata expressão daquilo que Deus quer fazer na vida da Igreja. "Eu sou o Deus que quer tirar de vocês a vergonha. Eu lhes chamei para a minha glória".

Como fica alguém que recebe uma coroa? Alegre, reconhecido, honrado, respeitado. O que mais me deixa impressionado nessa passagem é que o texto não está falando para os ímpios, mas para a amada Igreja. Creio que Deus está querendo ministrar algo em nosso coração: "Eu sou o teu Deus. Eu quero te coroar. Eu restaurarei sua vida".

O derramar do óleo de alegria

Deus quer remover as angústias, medos e cadeias que te prendem. Ele quer derramar óleo de alegria, em vez de pranto. Tudo aquilo que não te faz bem, que paralisa e te mancha, o Senhor quer tirar completamente da sua vida. Tudo o que é ruim se manifesta na vida do homem como tristeza, sentimento de frustração e derrota. Jesus quer derramar um óleo de alegria para que a vitória da cruz se manifeste de forma plena em todas as áreas de sua existência.

O testemunho da criação de Deus é também cheio de contentamento. Em tudo o que foi criado, o Senhor declarou: isso é bom. Ao criar o homem, Ele o coroou dizendo: isso tudo é *muito* bom. Isso revela que o Senhor nos criou para uma vida abundante. Uma vida abundante é uma vida próspera, cheia de contentamento e alegria.

Deus quer remover toda lágrima dos seus olhos. Na Nova Jerusalém não haverá mais dor, nem sofrimento. *"Ele enxugará dos seus olhos toda lágrima. Não haverá mais morte, nem tristeza, nem choro, nem dor, pois a antiga ordem já passou."* Apocalipse 21:4

O óleo na Bíblia aponta para a presença do Espírito Santo. O texto de Isaías 61 começa falando exatamente isso: o Espírito do Senhor Deus está sobre mim e Ele me ungiu. Como falamos anteriormente, essa profecia se cumpriu em Cristo (Lucas 4:18-21) e também na Igreja (Atos 2:1-4). O óleo de alegria representa uma unção de Deus para vivermos cheios de contentamento e alegria. Essa unção é a própria presença do Espírito em nós. Quando somos cheios de Espírito, transbordamos dessa alegria que nos conduz em triunfo.

Na Bíblia, a unção representa a capacitação sobrenatural de Deus para o cumprimento de um propósito. Fazer a vontade de Deus (ao contrário do que muitos pensam) não quer dizer que sempre precisa ser algo árduo e cheio de sofrimento. A verdadeira obra espiritual é feita com uma unção de alegria, de contentamento. Isso significa prosperidade, senso de realização, plenitude verdadeira. O Senhor está ministrando ao nosso coração: "Eu vou te separar para um grande propósito e, para cumpri-lo, Eu lhe darei a minha alegria. O meu querer em sua vida será uma expressão de deleite, gozo e descanso".

Deus nos ungiu com óleo de alegria para cumprirmos o seu propósito

Nossa mensagem também precisa ser ungida com esse óleo de alegria. Nossas ovelhas não se movem por críticas, nem se motivam com palavras duras. Elas podem até dar alguns passos, mas logo desistirão. Ovelhas não são levadas por opressão, mas são conduzidas e guiadas pela doce voz do seu pastor. Um rebanho de ovelhas jamais segue a voz de um estranho. "As minhas ovelhas ouvem a minha voz; Eu as conheço, e elas me seguem." João 10:27

Quanta tolice pensar que o 'bater' e o 'criticar' por meio da pregação produzirá edificação eterna! Fomos chamados para pregar a mensagem que o Espirito Santo colocou em nossos corações e não simplesmente pregar o que achamos ou queremos. O Senhor Jesus nos chamou para pregarmos as Suas boas novas. Ele nos ungiu para proclamar libertação aos cativos, colocar em liberdade os que estão presos e anunciar o ano aceitável do Senhor.

O Espírito de Deus nos capacitará a colocar em liberdade aqueles que estão angustiados. Como um angustiado vai ajudar outro angustiado? Antes de tocar os outros através de você, o Senhor tocará a sua vida. Ele levantará um grande testemunho para que outros experimentem do mesmo favor que você tem experimentado. Somente quem tem esse óleo de alegria sobre a sua cabeça poderá ser um instrumento de libertação na vida dos que estão aprisionados.

O Espírito de Deus te conduzirá, te levará ao encontro daqueles que estão carecendo da Sua glória. Com a sabedoria do alto, você precisa perceber quem tem vivido dessa forma: cheio de angústia, cadeias, luto, tristeza. E, então, ministrar a Palavra que traz luz, libertação, restauração e vida.

Lembre-se que a boca fala do que o coração está cheio (Lucas 6:45). Se em nossa boca constantemente há palavras de crise, de tristeza e pessimismo, viveremos rodeados dessas circunstâncias. Se decidimos crer e viver com a alegria em nosso coração, da mesma forma, veremos essas realidades espirituais se manifestando em nossa vida.

Adoro me reunir com os irmãos e viver em comunhão. A verdadeira comunhão é sempre com Deus e a Igreja. A vida da igreja é muito gratificante. Saber que eu vou me reunir com as pessoas que edificam a obra de Deus, andar ao lado de homens que têm um coração voltado para a eternidade, isso é tremendo. Isso reafirma a alegria de viver a comunhão dos Santos.

Mas em todo o tempo preciso orar e vigiar. O inimigo anda ao derredor procurando uma oportunidade para abafar a alegria do Senhor em minha vida. Por isso, é fundamental nos armarmos da Palavra de Deus para vivermos a abundante vida que o Senhor Jesus conquistou para nós no Calvário. Por mais que enfrentemos lutas, tribulações, precisamos compreender que elas são temporais, passageiras. A alegria do Senhor no nosso espírito é eterna. Glória a Deus!

Não coloque os seus olhos naquilo que é momentâneo, pois o Senhor diz: "*Porque a nossa leve e momentânea tribulação produz para nós eterno peso de glória*". Sendo assim, decida fixar seus olhos e aplicar o seu coração naquilo que é eterno. Todas as coisas cooperam para o bem daqueles que amam o Senhor e foram chamados de acordo com o Seu propósito (Romanos 8:28). Quando decidimos viver focados no Senhor, a alegria dEle nos conduz ao cumprimento do maravilhoso plano para o qual fomos criados.

Não viva mais debaixo de angústia

Primeiramente, o Senhor nos deu uma coroa ao invés de cinzas; depois recebemos óleo de alegria ao invés de pranto; agora temos vestes de louvor ao invés de espírito angustiado.

Espírito angustiado fala de gente oprimida, sobrecarregada, paralisada. Muitas pessoas, estão sempre abatidas, travadas, entregues as emoções e as circunstâncias. Parece que nada muda, que a Palavra não toca o coração. Essa atitude desonra a Deus. É como se a pessoa não reconhecesse tudo aquilo que o Senhor fez e tem feito por ela.

Muitas coisas podem tornar uma pessoa angustiada no espírito. Lute e não deixe que algo se torne uma raiz de amargura. Você sabe o que é a amargura? Vou lhe dar uma definição para você entender. Pó é algo que incomoda. Tudo em sua vida começa com um leve incômodo. O pó suja, faz a gente espirrar. Mas o que é a amargura? É quando esse pó se mistura com água e se torna um tijolo.

Aquilo que anteriormente era apenas um incômodo inicial se torna um problema, algo que traz um grande prejuízo. Antes, quando você ouvia falar o nome de alguém, você percebia um certo desconforto. Mas agora, ao ouvir esse nome, você sente algo ruim dentro de você, como um aperto no coração, um sentimento de angústia. É como comer algo amargo que estraga o paladar.

O que antes era uma poeira e podia ser transposto, agora se transformou numa muralha. Há algo que te separa e divide. Essa barreira impede o fluir de vida. Existem pessoas que deixam de ir à nossa igreja porque, o que antes era um incômodo se tornou um muro – como blocos de cimento – e elas não conseguem mais se relacionar conosco. Por isso devemos resolver todas as questões que envolvem relacionamentos, antes que elas se tornem problemas em nossas vidas.

O que tem trazido angústia em seu coração? O que é que tem te incomodado? Você estava na esperança de alguém te ajudar e não foi ajudado? Você esperava ter alcançado um resultado e não alcançou? Você foi ferido por uma pessoa que você ama? Você foi traído? Rejeitado? Seja o que for, há um caminho de restauração para sua vida. Há um remédio para você: o perdão. Não aceite que o inimigo lhe vista com as roupas da angústia. Deus quer te vestir hoje com as vestes de louvor. É o que a Bíblia está dizendo: para aqueles que estão em Sião, Deus quer colocar as vestes de louvor.

Muitas vezes sofremos grandes perdas porque desprezamos os pequenos problemas. Lembre-se que uma grande muralha pode começar apenas com um pouco de terra e poeira. Você não pode deixar que as coisas se acumulem em seu coração. Aprenda a perdoar todos os dias e também a alimentar a alegria no seu espírito. Não deixe que o sol se ponha sobre a sua ira (Efésios 4:26). Deus não quer te dar vestes de louvor amanhã, mas hoje! A alegria precisa ser maior do que a contaminação que vem da amargura. Em Cristo temos toda a provisão para vencermos esses entraves, pois maior é o que está em nós do que aquele que está no mundo (1João 4:4).

Capítulo Cinco

EXALANDO O BOM PERFUME DE CRISTO

A palavra alegria no grego significa exalar. Fomos chamados para exalar a alegria. Quando você passa um perfume as pessoas sentem aquele cheiro gostoso no ar. Temos que sentir a alegria da pessoa que está ao nosso lado. Veja que interessante: a minha alegria é perceptível, contagiante. Isso pode ser expresso nas Palavras do apóstolo Paulo: "*graças, porém, a Deus, que, em Cristo, sempre nos conduz em triunfo e, por meio de nós, manifesta em todo lugar **a fragrância do Seu conhecimento. Porque nós somos para com Deus o***

bom perfume de Cristo, *tanto nos que são salvos como nos que se perdem.*" 2Coríntios 2:14-15

Você já percebeu quando alguém muito cheiroso te abraça? Você começa a sentir o perfume da outra pessoa em você. Da mesma maneira, a alegria do Senhor precisa ser como um aroma suave em nossa vida, que contagia todos aqueles que estão ao derredor.

É tão bom quando alguém cheio de alegria está perto de nós. Aquilo nos anima, nos motiva, nos encoraja. A alegria é algo que não pode ficar oculta. Quando alguém vive alegre todos à sua volta são abençoados.

Todavia, da mesma forma, quando uma pessoa insiste em não viver a alegria, ela passará aquela insatisfação para todos os que estão ao seu redor. Você já ficou perto de alguém pessimista ou murmurador? Aquilo contamina! É como uma nuvem negra que tenta estragar a beleza do céu.

Os pessimistas, murmuradores, os que insistem em viver a vida em meio as crises, onde eles chegam eles mudam o ambiente, mas de forma negativa. Por favor me entenda – sei que todos estamos sujeitos a passar por momentos de lutas e tristezas. Eu mesmo já enfrentei momentos difíceis. Mas eu jamais aceitei aquilo como algo permanente. Minha postura foi de confiar no Senhor crendo na mudança e no romper.

Se você está passando por situações de tribulação, não fique constrangido. Independente do que esteja acontecendo, aceite a verdade de que Deus tem o melhor para sua vida e que a alegria dEle é residente em você. Se você entende e crê dessa forma, tudo irá mudar e cooperar para o seu bem.

Uma chave é vivermos nesse ambiente de graça por uma escolha deliberada e crermos no maravilhoso favor do Senhor para nós, de forma permanente. Eu sei que estou debaixo desse imenso favor por causa do sacrifício de Jesus.

Ele está sempre conosco, pois é Deus Emanuel. Podemos passar por crises, mas Ele nos sustenta e nos conduz ao outro lado, à outra margem. Por isso devemos viver uma vida de plena paz, gozo e satisfação. Fomos chamados para expressar essa alegria e salvar o mundo. Em João é dito: *"Assim também agora vós tendes tristeza; mas outra vez vos verei; o vosso coração se alegrará, e a vossa alegria ninguém poderá tirar"*. Que promessa maravilhosa! O Senhor está dizendo que a alegria que receberemos ninguém poderá tirar de nós. Sabe por que? Porque ela não será uma circunstância. Jesus estava se referindo nesse texto ao próprio Espírito Santo que seria enviado para habitar em nós. Peça ao Pai no Nome de Jesus e você receberá essa incomparável alegria.

Deus levanta um exército de valentes no meio daqueles que viviam angustiados

> ***Ajuntaram-se a ele todos os homens que se achavam em aperto, e todo homem endividado, e todos os amargurados de espírito***, e ele se fez chefe deles; e eram com ele uns quatrocentos homens. 1Samuel 22:1-2 (grifo nosso)

"Ajuntaram-se a ele todos os homens que se achavam em aperto, e todo homem endividado, e todos os amargurados de espírito". Esses homens que estavam apertados, endividados e amargurados de espírito se tornaram os grandes valentes do poderoso exército de Davi. Sabe por que? Porque a graça e a alegria do Senhor que estavam em Davi superabundaram naquelas vidas.

Davi era a minoria. Mas a unção de rei que estava sobre ele, influenciou e se multiplicou na vida de outros homens. As nossas vestes, o nosso óleo de alegria, a nossa coroa tem o propósito de alcançar os que estão à nossa volta para a conquista das próximas gerações.

A alegria do Senhor em nós precisa ser muito maior do que a tristeza que está ao derredor contaminando as pessoas. Infelizmente, muitos líderes têm permitido que as pessoas os contaminem de forma negativa, ao invés de serem canais de transformação. Por diversas vezes, eu mesmo permiti que algumas pessoas ou situações encobrissem a minha paz, a minha alegria.

Mas Davi não deixou os angustiados e amargurados o influenciarem. Ele foi agente de influência sobre eles. Davi sabia que Deus o levantou para um grande propósito, a autoridade, sobre ele. Ele recebeu a unção de Deus para governar. Ele passou por muitos momentos de crise, mas a alegria do Senhor superabundou em sua vida e ministério.

Vejamos o exemplo de José do Egito. Para mim, a passagem mais hilária e até mesmo curiosa da Bíblia é quando José, dentro da prisão, faz uma pergunta para dois outros prisioneiros: *"por que vocês estão tristes?"* (Gênesis 40:7). Isso é muito engraçado. Aqueles homens tinham todas as razões naturais para estarem chateados, **afinal eles estavam presos**! Mas isso nos mostra que, mesmo dentro da prisão, José não permitiu que o espírito maligno o contaminasse e sufocasse sua alegria. Deus não quer que vivamos uma vida natural, governada pelas coisas exteriores. Seu desejo é que vivamos completamente debaixo do Seu favor, mesmo em lugares difíceis. Há uma provisão sobrenatural de alegria para nossa vida, para vencermos cada situação ou circunstância.

Cristo nos deu paz com Deus

Hoje podemos viver em paz com Deus por meio da nossa fé em Jesus Cristo (Romanos 5.1). Podemos usar vestes de louvor, pois recebemos a justiça do Senhor. Quando Deus olha para nós, Ele não vê mais nossas falhas ou pecados. Por causa do sacrifício perfeito de Cristo, toda a Sua justiça foi satisfeita. Ao olhar para nós, Ele vê o sangue de Jesus nos cobrindo.

Quando estávamos condenados, vivíamos cheios de morte. Mas ao sermos salvos, recebemos a alegria da salvação. Contudo, o Senhor não quer apenas nos dar a alegria para a eternidade. Ele quer encher nossa vida de vestes de louvor para hoje. Você não precisa mais viver debaixo de condenação, de acusação do inimigo. A Palavra afirma que já não há mais condenação para todos aqueles que estão em Cristo Jesus (Romanos 8:1).

Por causa da queda no Éden, Deus criou vestes para cobrir a nudez do homem (Gênesis 3:21). Entretanto, na Nova Aliança, fomos revestidos de honra e glória (Hebreus 2:7). Em Cristo, fomos feitos justiça de Deus (2Coríntios 5:21). Esses textos determinam que o Senhor quer tirar de sua vida todas as vestes de vergonha, de derrota, de humilhação e lhe dar vestes de louvor, de graça, de vitória e de glória.

Mas vós sereis chamados sacerdotes do SENHOR, e vos chamarão ministros de nosso Deus; comereis as riquezas das nações e na sua glória vos gloriareis. ***Em lugar da vossa vergonha, tereis dupla honra; em lugar da afronta, exultareis na vossa herança; por isso, na vossa terra possuireis o dobro e tereis perpétua alegria.*** Isaías 61:6-7

A promessa de Deus para nós não é termos uma alegria momentânea, circunstancial ou passageira. Ele nos diz: "em lugar da vossa vergonha, tereis dupla honra; em lugar da afronta, exultareis na vossa herança". Por isso troque as suas vestes: remova tudo aquilo que é da velha criação. Paulo diz à igreja dos colossenses: despojai-vos do velho homem e revesti-vos do novo homem! Receba e vista tudo aquilo que lhe foi dado de graça na cruz do Calvário e viva uma vida feliz e cheia de alegria.

Esse novo homem é o próprio Jesus Cristo. O Senhor nos revela a necessidade do nosso posicionamento para experimentarmos o favor da Sua natureza. Tome posse de cada promessa para sua vida. O Senhor Jesus já conquistou uma vida abundante e cheia de alegria para todos os filhos de Deus. Por causa da obra da cruz, fomos feitos co-herdeiros em Cristo. Tudo o que é dEle, nos foi doado pela Sua infinita graça, generosidade e bondade.

Capítulo Seis

O LADRÃO QUE TENTA PROMOVER O ABATIMENTO

Satanás sempre age através do engano. Seu alvo é trazer uma destruição completa. Sua estratégia é sempre usar mentiras, enganos e prender a mente das pessoas. *"Porque, embora andando na carne, não militamos segundo a carne. Porque as armas da nossa milícia não são carnais, e sim poderosas em Deus, para destruir **fortalezas**, anulando nós **sofismas** e toda **altivez** que se levante contra o conhecimento de Deus, e **levando cativo todo pensamento à obediência de Cristo.**"* 2Coríntios 10:3-5 (grifo nosso)

Então, o diabo lança um pensamento na mente de uma pessoa: "eu não sou alegre. Sou triste.

Estou sozinho e isolado nesse mundo". Percebe que esses dardos inflamados sempre vêm mascarados de engano, como se fosse um pensamento da própria vítima? Seu alvo é gerar confusão para que pensemos que não temos a presença de Deus, nem tampouco o fruto do Espírito.

A maneira do inimigo atacar o homem sempre segue o mesmo procedimento: ele usa algo de fora para chamar a atenção do homem e prendê-lo através da sua alma – sua mente, vontade ou emoções. Ele sempre tentará levá-lo a acreditar que as circunstâncias ou fatos são a realidade, quando na verdade não são. A verdade é o que está escrito na Palavra de Deus e aquilo que o Espírito Santo fala em nosso coração.

Com a ajuda do Espírito Santo, precisamos identificar tudo aquilo que possa estar nos prendendo e trazendo abatimento, tristeza à nossa alma. Pergunte ao Senhor: "o que tem tentado bloquear o seu Fruto em minha vida? Há alguma preocupação que tem buscado sufocar a minha paz? É o relacionamento com meu cônjuge? É o relacionamento com o meu filho? O que tem bloqueado a alegria do Senhor em minha vida?" E acima de tudo, saiba que, independente do que esteja ocorrendo o Espírito sempre está presente para ajudá-lo.

Satanás tenta fazer com que você fique o tempo inteiro buscando alívio através das coisas exteriores. Alguns vivem por toda a vida correndo atrás de dinheiro, viagens ou títulos que possam trazer essa tão sonhada realização. Outros passam a vida lutando, brigando para tentar serem felizes. Com o tempo, as forças são minadas e a frustração gera uma grande sensação de derrota e insatisfação.

Ficam correndo atrás daquilo que muitas vezes já possuem, mas ainda não lhes foi revelado. Quando nos voltamos para o Senhor e temos a revelação de que estamos em Cristo, a presença do Espírito Santo nos conforta e nos transborda de sua paz e esperança. Não é necessário ficar correndo atrás de tantas coisas. Você já tem em Cristo Jesus tudo o que precisa. É necessário aprender a liberar o caminho para que ela se manifeste.

Quantas vezes já vi grandes líderes dizerem: "eu não tenho alegria para fazer essa obra! É muito pesada!".

Quantos casais naufragaram porque bloquearam aquela simples, doce e maravilhosa alegria de simplesmente estarem juntos? Desprezaram aquilo que tinham porque aceitaram a mentira de que não possuíam. A alegria sempre esteve lá.

Minando a paz

Em diversas situações da minha vida e ministério percebi situações querendo minar a minha paz. Em algumas circunstâncias, confesso que até pensei que a havia perdido. Mas o Senhor abriu meus olhos para essa maravilhosa verdade que estou compartilhando com você através desse livro. Por pior que fosse o quadro, a paz do Senhor sempre esteve comigo. Aqueles problemas estavam apenas tentando abafar, cobrir a minha paz, mas tive a revelação que uma vez que eu a tenho, ela nunca deixará minha vida.

Quantas vezes já aconselhei pessoas, líderes, casais que me falaram essa mesma frase: "pastor, estou muito triste. Perdi a alegria". Minha oração é para que o Espírito Santo abra seus olhos da mesma forma que Ele abriu os meus. Você não nasceu para desistir e não perderá o que o próprio Deus lhe deu. Independente do que esteja acontecendo, lembre-se do que o Senhor declarou em Sua Palavra: "o choro pode durar uma noite, mas a alegria vem pela manhã". Não abra mão daquilo que o Senhor já lhe prometeu. A palavra do Senhor não pode falhar.

Você pode buscá-la em todo o tempo, independentemente das circunstâncias que estejam te cercando.

Isso nos faz pensar sobre, por que algumas pessoas são inconstantes e abaláveis? Porque infelizmente, elas insistem em andar confiadas nas coisas exteriores. Muitos preferem apenas enxergar aquilo que naturalmente está ao seu derredor. E aqui é muito importante você checar na luz de Deus: a sua paz, felicidade estão firmadas nas coisas exteriores – que são passageiras e inconstantes – ou naquEle que habita em seu interior – que é eterno e imutável?

Você é um cristão que está sempre precisando de uma "nova dose" de estímulos: uma nova campanha, uma nova profecia ou uma nova descoberta misteriosa? Muitas pessoas não crescem, não amadurecem porque não têm vínculos sólidos, não tem uma fé constante e nem uma vida de aliança com Deus e com a Igreja. Crescimento não é fruto de sentimentos, mas o resultado de um compromisso com Deus e Sua Palavra. Crescemos espiritualmente quando decidimos confiar totalmente no Senhor.

Há pessoas que somente estão alegres quando vão ao parque, quando fazem uma viagem ou quando têm dinheiro na conta bancária. Você precisa avaliar de onde vem a alegria que você possui: desse mundo ou do céu? A alegria do céu é Cristo, gerando a plena convicção que somos filhos de Deus e nascemos para cumprir o propósito eterno, independente das circunstâncias. Ela não se firma em nada que é exterior.

Não viva colocando todas as suas expectativas em pessoas ou eventos. Se você fizer isso você será terrivelmente infeliz e frustrado. O profeta Jeremias diz que maldito é o homem que confia no homem, que faz da carne mortal o seu apoio e afasta o seu coração do Senhor. Esse homem será como um arbusto solitário no deserto e não verá quando vier o bem. Ele morará nos lugares secos do deserto, na terra salgada e inabitável (Jeremias 17:5-6).

Quantos desejaram sair da igreja porque um líder passou por elas e não as cumprimentou. Alguns que entraram numa profunda crise porque o irmão convidou outros e não os convidaram para ir à sua casa. Isso mostra que ainda somos muito almáticos, reféns das nossas emoções.

Esse texto bíblico está relacionando o confiar em homens, com expectativas nas pessoas. É óbvio que o Senhor nos chamou para andarmos vinculados e aliançados uns aos outros. O problema é quando permitimos que o homem assuma o lugar de Deus na nossa vida e as crises ameaçam o propósito que o Senhor nos chamou a cumprir. A chave para avançarmos nos relacionamentos e no propósito é enxergarmos Cristo na vida uns dos outros, amando o Senhor e Sua Igreja.

Não deixe que nada te resista. Não aceite que os problemas de relacionamentos sejam um obstáculo para o seu crescimento. Você não precisa mais andar baseado nessas coisas. Não permita que nada sufoque a revelação pela qual vivemos e cremos. Decida amar as pessoas com o amor de Cristo. Olhe para Ele e você avançará para níveis muito mais altos.

Alegria em meio à perseguição

> Chamando os apóstolos, açoitaram-nos e, ordenando-lhes que não falassem em o nome de Jesus, os soltaram. E eles se retiraram do Sinédrio *regozijando-se por terem sido considerados dignos de sofrer afrontas por esse Nome.* E todos os dias, no templo e de casa em casa, não cessavam de ensinar e de pregar Jesus, o Cristo. Atos 5:40-42

"Regozijando-se por terem sido considerados dignos de sofrer afrontas por esse Nome". Esse verso revela o caráter sobrenatural da alegria do Senhor. Quem seria capaz de estar alegre após ter sido terrivelmente açoitado? Os apóstolos se regozijavam por terem sido considerados dignos de sofrer pelo Nome de Jesus. Que honra poder padecer pelo Senhor. Que honra passar pelo caminho de sofrimento para a manifestação do Reino. Que honra ser reconhecido como discípulos de Cristo.

Veja que nem mesmo os açoites, ameaças e perigos de morte puderam parar aqueles homens cheios do regozijo do Senhor. Quando o inimigo quer paralisar a Igreja, ele lança setas e traz abatimento, tristeza e medo. Mas quando entendemos que somos lavados pelo sangue de Deus e que temos vestes de louvor ao invés de espírito angustiado, nada pode nos paralisar.

Quando Paulo afirma "eu tudo posso naquEle que me fortalece", claramente vemos o apóstolo manifestando a revelação dessa maravilhosa presença em sua vida, expressa pela alegria e contentamento. Paulo entendeu que seu júbilo não dependia de uma situação exterior. Ele diz: "alegrei-me, sobremaneira, no Senhor porque, agora, uma vez mais, renovastes a meu favor o vosso cuidado".

Existe uma medida do sobrenatural de Deus que nos capacita a enfrentar qualquer situação pelo Seu Reino. Essa revelação foi evidente na vida de Daniel na cova dos leões; na vida de Paulo quando enfrentou o naufrágio por 3 vezes, vários perigos de morte, açoites e prisões. Essa alegria é a experiência do Senhor, nos consolando, nos encorajando e nos enchendo de perseverança para jamais retroceder. Ela é também o alimento que sustenta a nossa confiança, um poderoso fundamento na vida dos vencedores que almejam a recompensa do Senhor. A carta aos hebreus declara: "não abandoneis, portanto, a vossa confiança; ela tem grande galardão". O Senhor recompensará aqueles que perseveram em serem fiéis até o fim. A palavra diz: "Olhando para Jesus, autor e consumador da fé, o qual, pelo gozo que lhe estava proposto, suportou a cruz, desprezando a afronta, e assentou-se à destra do trono de Deus" (Hb 12:2).

Capítulo Sete

Não basta termos a alegria em nós. Precisamos expressá-la

Se o Deus que servimos habita em nós, por que essa alegria não é constantemente expressa em nossa vida? Porque muitos não têm a revelação dessa preciosa realidade: a presença do Pai nos concede tudo o que é dEle para nós. O Senhor quer que vivamos e O sirvamos, em todo o tempo, cheios de alegria. "Que o Deus da esperança os encha de toda alegria e paz, por sua confiança nele, para que vocês transbordem de esperança, pelo poder do Espírito Santo." Romanos 15:13

Precisamos mudar a mentalidade e a nossa maneira de viver. Pensar que ser espiritual é ser carrancudo, é uma grande tolice. Pensam que viver cheio de alegria é algo natural, da carne. A maneira como vemos Deus determinará também a maneira como expressamos o Senhor. O fato é que muitos crentes conheceram uma religião, mas jamais experimentaram da maravilhosa graça e do amor incondicional do Senhor Jesus. Se você acredita que Deus é iracundo, severo, você fará de tudo para expressar essa imagem dEle em sua vida. E o resultado disso é religião, morte.

Já vi pessoas dizerem que o crente não pode ser alegre. E como dissemos anteriormente, alguns irmãos pensam que ser espiritual é viver em crise, o tempo todo passando por lutas. Se esse é o seu ponto de vista, me desculpe, pois não é isso o que a Palavra de Deus ensina. E entre o seu ponto de vista e o das Escrituras, prefiro crer no meu Senhor. Ele mesmo disse através do apóstolo Paulo: "Regozijai-vos sempre." 1Ts 5:16.

Como sabemos, Paulo foi alguém que sofreu todo tipo de perseguição e dor por causa do Seu amor pelo Senhor, pelo Evangelho e pela Igreja. Ele teria todas as razões para ser alguém amargurado e triste. Todavia, ele teve a divina revelação sobre alegria.

Lembre-se que não estou anulando as crises em nossas vidas. Apóstolo Paulo teve seus momentos de contrição e tristeza, mas ele tinha uma revelação que era maior e, por isso, disse: "Portanto, meus amados e mui queridos irmãos, minha alegria e coroa, estai assim firmes no Senhor, amados." Fp 4:1

Como foi dito ao longo do livro, muitas lutas que enfrentamos são legítimas e necessárias. Todavia, nada justifica não experimentarmos do regozijo do Senhor.

Se para ser maduro na vida cristã, ninguém precisa abrir mão do amor, da paz e da longanimidade, por que eu teria que deixar de ser alegre para ser espiritual? Para que haja quebrantamento eu não tenho que deixar de lado a alegria. Ou você tem o fruto do Espírito – e você tem todas as Suas atribuições – ou você não tem nenhuma delas. É impossível você falar que tem paz, mas não tem o amor; que você tem a longanimidade, mas não tem o domínio próprio. Se você tem um daqueles atributos você tem todos, inclusive a alegria. Porque todos eles são a expressão do caráter de Cristo mediante a presença do Espírito Santo.

Eu entendo o que passa por sua cabeça, pois também sou sujeito às mesmas limitações, falhas e inconstâncias. Eu também já me questionei muitas vezes: "como posso ter domínio próprio, se já estourei em tantas ocasiões? Como posso ter a alegria em todo o tempo, se em alguns momentos a tristeza tentou me abater?" O fato de passarmos por situações difíceis não anula a verdade da Palavra de Deus em nossa história. Nem tampouco coloca em xeque aquilo que o Senhor conquistou na cruz. Se a Palavra de Deus diz que o fruto do Espírito é, esse é um sinal de que eu tenho hoje toda a provisão necessária. A alegria está em mim, assim como todos aqueles atributos. Eu somente preciso aprender a liberar o meu espírito e experimentar da grandeza do Senhor.

Há pessoas que têm vivido debaixo de depressão, angústia e falta de esperança. O que temos que fazer é liberar essa alegria, nos apropriar dessas verdades e dizer: "se o Senhor diz que eu tenho, eu creio e desfruto dela hoje em minha vida. Amém!".

No decorrer da nossa caminhada, passaremos por momentos difíceis, por diversas estações, como foi dito anteriormente – inclusive a do inverno - podemos então, fazer um paralelo de que o tempo é fechado, frio e sombrio. Entretanto, jamais se esqueça: nada pode tirar a alegria do Senhor do nosso coração. Em todas essas situações precisamos crer que maior é aquEle que está em nós do que aquele que está no mundo (1João 4:4).

Podemos ser espirituais e alegres

Houve uma época em minha vida, que eu pensava que todo crente era triste. Talvez porque muitas vezes eu via crentes passando constantemente por crises. Parece que muitos aceitaram isso como uma verdade que agradava a Deus, vivendo naquele constante sofrimento.

Creio que todo filho de Deus passará por momentos de aflição em sua vida cristã. Jesus afirmou que nesse mundo teremos aflições (João 16:33). Mas também disse que devemos ter bom ânimo, pois Ele venceu o mundo. Ter bom ânimo é viver cheio do Espírito, cheio de alegria.

Muitas vezes nossa mentalidade pode ser influenciada pelo que pensamos, cremos e falamos. E tudo isso pode produzir em nós grandes prejuízos. Por exemplo, muitos de nós usamos um termo errado para se referir ao clima. Quantas vezes já afirmamos: "hoje o sol está frio, está tão gostoso não é?" Avalie essa afirmação e você perceberá o quanto ela é equivocada. O sol nunca é frio! O Sol não muda; ele é sempre quente. Mas nós usamos expressões erradas para definir circunstâncias. Aí quando a temperatura aumenta, a gente fala o quê? "O sol esquentou muito". O fato é que ele não esquentou, pois nunca mudou.

Perceba que tudo isso tem a ver com o lugar onde estamos – se debaixo de uma árvore ou num lugar aberto; ou dependendo de uma estação do ano que estamos passando. Preste atenção nisso que vou afirmar: "circunstâncias exteriores podem afetar o meio que vivemos, mas não podem alterar a verdade das coisas". Por isso, vamos lembrar de uma verdade imutável que temos compartilhado nesse livro: o regozijo, não é um sentimento e nem uma circunstância. Ela é uma Pessoa e é viva em nós e o seu nome é Cristo, e isso não depende das situações, dos lugares ou das estações.

Não deveríamos condicionar algo que é permanente à circunstâncias exteriores. Aquilo que os nossos olhos vêem pode mudar. Mas aquilo que Deus disse é eterno. O Senhor jamais falhou em Sua Palavra, jamais deixou de cumprir com aquilo que disse. As promessas que estão em Sua Palavra continuam sendo válidas, atuais e reais para nossa vida. Foi dito aos Coríntios: *"Em tudo somos atribulados, porém não angustiados; perplexos, porém não desanimados; perseguidos, porém não desamparados; abatidos, porém não destruídos"*. Essa mesma Palavra é viva e eficaz para transformar qualquer situação contrária, adversa e difícil que estejamos passando ou venhamos a enfrentar.

Paulo afirma que cada um de nós é um vaso de barro com uma riqueza escondida. Sabemos bem, quem é essa riqueza: o Senhor Jesus, habitando em nosso espírito através do Espírito Santo. E assim como o Sol é sempre quente, a alegria do Senhor nos 'aquece' interiormente!

Escolha a melhor parte

Infelizmente, muitos transformam a vida em uma grande 'roda viva', sem prazer, sem contentamento. Acumulam coisas que não deveriam ser acumuladas, se envolvem em tantas atividades (muitas delas até legítimas), mas que não trazem senso de propósito e realização pessoal. Se enchem de tanta coisa e correm atrás de tantas outras e perdem o mais importante: a comunhão e a intimidade dos relacionamentos que expressam o amor do Cristo Vivo. O Senhor nos deu a oportunidade e o direito de escolher como viveremos, como relacionaremos e até como O serviremos.

Em Lucas, capítulo 10, podemos ler: *"respondeu-lhe o Senhor: Marta! Marta! Andas inquieta e te preocupas com muitas coisas. Entretanto, pouco é* *necessário ou mesmo uma só coisa; Maria, pois, **escolheu a boa parte**, e esta não lhe será tirada*".

Se Maria escolheu a boa parte, nós também podemos escolher. Podemos viver cheios da alegria e desfrutarmos de seus maravilhosos benefícios. Essa é a vontade do Senhor para nossa vida.

Fidelidade e amor

Fidelidade é uma condição de atitude e de amor. Na segunda carta de Paulo aos Coríntios vemos que "***Deus ama a quem dá com alegria.***" 2Coríntios 9.7

Que Deus ama os seus filhos, isso nós já sabemos, agora precisamos aprender a agir como Ele disse: "com alegria" em nossos corações. Se Deus ama a quem dá com alegria, eu preciso servir dessa forma. A grande questão é: tudo o que você faz para Deus, você realiza com alegria?

Essa é uma tremenda chave para completarmos a nossa carreira cristã e sermos aprovados: tudo o que fizermos, façamos para o Senhor e com um coração cheio de alegria (Colossenses 3:23). Há uma recompensa que provém da herança daquilo que Cristo conquistou na cruz do Calvário para todos aqueles que servem ao Senhor com alegria.

Se temos a revelação de que estamos fazendo para o Senhor Jesus, não há outra maneira de servirmos, senão com um coração repleto de gratidão e alegria. Não importa o que eu faça. Independentemente do que seja, eu farei com um coração cheio de júbilo. Precisa haver em nós uma decisão de não apenas fazer coisas para Deus, mas servi-lO todos os dias da nossa vida, com alegria.

O Pai não faz acepção de pessoas. Ele ama a todos os seu filhos de forma igual. Contudo, cada filho pode escolher como se achegará à presença do pai, bem como se relacionará com ele. Particularmente, eu não tenho um filho preferido. Mas sei que há filhos que preferem estar mais próximos do que outros. Semelhantemente, eu não tenho discípulos preferidos, mas sei que há discípulos que preferem desfrutar, mais da minha companhia.

O que Deus está falando para nós através dessa passagem? Que se você fará algo, faça com amor verdadeiro e regozijante. A alegria confirma o favor de Deus para a nossa vida.

Cheios de júbilo

Celebrai com júbilo ao SENHOR, todas as terras. ***Servi ao SENHOR com alegria,***

> ***apresentai-vos diante dele com cântico***. Sabei que o SENHOR é Deus; foi Ele quem nos fez, e dEle somos; somos o Seu povo e rebanho do Seu pastoreio. Entrai por Suas portas com ações de graças e nos Seus átrios, com hinos de louvor; rendei-lhe graças e bendizei-lhe o nome. Porque o SENHOR é bom, a Sua misericórdia dura para sempre, e, de geração em geração, a Sua fidelidade. Salmo 100 (grifo nosso)

Esse salmo deixa claro como deve ser o nosso serviço ao Senhor: cheio de júbilo e cânticos. Quando conhecemos o Senhor, quando sabemos que Ele é Deus, não temos outra opção, senão viver numa plena expressão de gozo. Podemos viver cheios de confiança e esperança pois somos o rebanho do Seu pastoreio. A gratidão e o louvor devem ser constantes em nossos lábios, pois o Senhor é bom e o Seu amor dura para sempre.

Servir a Deus deveria ser uma eterna fonte de prazer entre nós. Não deveria ser pesado, porque estamos fazendo o que amamos e para quem amamos. Quando fazemos o que amamos somos trasbordantes de alegria. Se alguém serve a Deus, mas ainda não teve revelação dessa maravilhosa alegria, é porque não conheceu plenamente o Senhor.

A alegria traz vigor e disposição

Quem tem alegria é cheio de vigor e disposição. Quem não tem alegria vive reclamando de tudo. Para alguns irmãos, servir é tão pesado. Por isso, há sempre críticas, reclamação e insatisfação em seus lábios: "essa igreja cobra muito, obedecer a Deus é tão penoso, esse culto demora demais..." Já viu pessoas que, para fazer as coisas do mundo rompem uma noite inteira até amanhecer, mas quando se trata das coisas do Senhor, tudo é pesado? Mudança de atitude é o que precisamos. Em nossos lábios deve estar o constante louvor, que é a expressão de um coração cheio de júbilo.

Quando estamos apaixonados ou com o coração alegre, nem percebemos o tempo passar. Quando estamos ao lado de uma pessoa que gostamos, o tempo voa, parece que tudo é tão perfeito.

Um noivo fica sempre na expectativa de encontrar-se com a noiva. Ao se encontrarem, querem desfrutar de cada segundo. Por que é assim? Porque quando estamos apaixonados fazemos qualquer coisa para agradar a pessoa que amamos. Estar perto de quem amamos nos completa e satisfaz.

Certa vez alguém afirmou: "uma hora ao lado de quem você ama é como se fosse um minuto. Mas um minuto em cima de uma chama é como se fosse a eternidade". Quando você tem alegria, um minuto, uma hora servindo a Deus é muito pouco. Quando você tem verdadeira satisfação, o que você faz parece tão pequeno: fica aquela sensação de "podia ter feito mais". Podia ter dedicado mais tempo, ministrado mais, feito mais discípulos, abençoado mais pessoas.

Não há honra maior do que sermos chamados de cooperadores de Deus (1Coríntios 3:9; 2Coríntios 6:1). Não existe nada mais precioso do que servir o Rei do Universo, o grande Eu Sou. Precisamos estar atentos para o nosso coração e não admitir vivermos sem a revelação dessa maravilhosa alegria de servir.

Parece que em algum momento, servir a Deus se tornou pesado e penoso para alguns. É como se sempre estivéssemos em dívida, com a necessidade de perder alguma coisa. Definitivamente isso não aponta para a graça de Cristo. Não caia nessa armadilha. Não confesse aquilo que não está na Palavra de Deus. Viva de acordo com aquilo que Jesus conquistou como herança na cruz do Calvário. Esteja atento àquilo que tem saído de sua boca e avalie se estas palavras estão conforme as verdades eternas. Sabemos das lutas, mas também nos apropriamos da vitória.

Em Cristo Jesus somos mais do que vencedores!

Capítulo Oito

O REGOZIJO
QUE VENCE O MUNDO

Todos nós temos expectativas naturais. Mas também deveríamos ter grandes expectativas espirituais.

Onde está a expressão do contentamento do povo de Deus? Essa deveria ser uma das marcas, até mesmo para atrairmos outras pessoas para o Senhor. O evangelismo não é somente uma questão de sairmos perguntando para as pessoas se elas querem aceitar a Jesus ou vir para a Igreja, mas elas reconhecerem em nós a expressão do amor, da alegria e da vida de Cristo. Jesus afirmou que seríamos reconhecidos como discípulos dEle pelo amor que temos uns com os outros (João 13:35).

O grande perigo é cairmos na frieza e indiferença da religiosidade. Sabe aquela atitude em fazer coisas mecânicas para as pessoas, mas não nos importarmos com o seu coração? O perigo é grande. Mas está diante de nós a decisão de vivermos de forma automática, sem vida e sem paixão.

No Evangelho de Marcos, Jesus cita um texto do profeta Isaías e repreende os religiosos de sua época por servirem dessa forma .

> O Senhor disse: Visto que este povo se aproxima de mim e com a sua boca e com os seus lábios me honra, mas o seu coração está longe de mim, e o seu temor para comigo consiste só em mandamentos de homens, que maquinalmente aprendeu. Isaías 29:13

Sabe o que é isso? Um povo que serve a Deus, sem a realidade e sem a manifestação do seu Fruto. Não podemos admitir isso em nossa vida e ministério. Se queremos edificar algo de valor eterno precisamos entender a necessidade de servirmos em todo o tempo com um coração com as motivações corretas e principalmente com as expressões corretas. Seja pregar o evangelho, ajudar um irmão, liderar uma célula ou ministrar um cântico de louvor, precisamos fazer tudo com nosso coração cheio de vida na presença do Senhor.

A alegria do mundo e a alegria do Senhor

O mundo tenta oferecer muitos tipos de alegria para as pessoas. Mas tudo o que é do mundo é passageiro e irreal, seria semelhante ao termo 'correr atrás do vento'. Lembre-se que o mundo vai lhe oferecer o fruto podre.

Mas a alegria do Senhor na vida dos Seus filhos é verdadeira e eterna.

Todavia, lembre-se que ser crente não é uma garantia de que seremos imune aos problemas. Muitas circunstâncias nos levarão ao deserto, mas não quer dizer que viveremos nele. Eu conheço muitos irmãos que vivem servindo a Deus, mas consideram a vida cristã pesada, difícil e cheia de tédio.

Ao lermos a Bíblia, podemos observar que o deserto é um lugar por onde todo filho de Deus passará. Jesus experimentou dele e nós também certamente experimentaremos. O propósito de Deus é que essa seja uma experiência de crescimento, maturidade e aprovação – assim como foi com Cristo. Portanto, passar pelo deserto é normal. O problema é quando as pessoas escolhem viver no deserto.

O tempo do deserto será determinado por nossas respostas diante dos testes. Lembra do povo de Israel? Jesus ficou 40 dias no deserto e foi aprovado.

O povo de Israel passou 40 anos e, com a exceção de poucos, todos morreram nele. Alguns dos fatores que levaram Josué e Calebe a experimentarem da vitória foram a alegria do Senhor em seus corações, a disposição de caminharem por fé e a decisão de confiarem na fidelidade de Deus.

Se a alegria do Senhor atrai o Seu favor, a falta de alegria e a falta da compreensão da graça divina podem reter o que supostamente deveria fluir em nossas vidas e ministérios.

Vencendo nos dias maus

Vivemos dias maus. O homem tem perecido de tantas formas. A tristeza, a solidão e a depressão tem tomado a vida de milhões de pessoas. Muitos ministros têm deixado a júbilo de servir a Deus ser sufocada e, por isso, tem se tornado apáticos e vivido de forma religiosa. Você já viu um crente machucado, ferido, amargurado e frustrado com a Igreja? O que tem acontecido? O inimigo tem tentado minar a alegria das pessoas de viverem para Deus e servir o Seu propósito.

Por mais que as pessoas tenham acesso a tantas coisas, lugares, tecnologias, nada disso pode sustentar e preencher os corações. Precisamos nos voltar para as coisas simples, porém as mais preciosas que Deus nos deu. A verdadeira realização não está do lado de fora, mas dentro de um coração que é cheio de contentamento e gratidão pelo Senhor, pela família e pelo propósito – a edificação da noiva, a Igreja.

Por isso, devemos viver sempre cheios da manifestação do Senhor em nós. Ela é fruto da graça – um favor imerecido – e nos foi dada juntamente com a salvação. Por isso, não há nada que possa removê-la. Não permita que a alegria do Senhor seja condicionada a tarefas, regras ou mandamentos legalistas. Não permita que nada nesse mundo abafe a suprema realização que é fruto da presença e do enchimento do Espírito Santo em seu coração. Você e eu fomos chamados para sermos transbordantes em Cristo Jesus.

A alegria é o antídoto de Deus para vencer a morte que há no mundo

O mundo que vivemos jaz no maligno. Isso significa que ele está debaixo do controle de satanás e é cheio de morte. O inimigo veio para nos afrontar, mentir, roubar, matar e destruir. Por isso, sua obra está definida: ele fará de tudo para tentar sucumbir a nossa alegria, destruir os sonhos e matar as vidas.

Jesus disse que nesse mundo teremos grandes aflições (João 16:33). Mas podemos ter bom ânimo, porque Ele venceu o mundo. Esse bom ânimo é exatamente a alegria do Senhor fortalecendo o nosso coração e nos enchendo de esperança. Você não pode, de maneira alguma, permitir que as coisas dessa vida te contaminem. Você precisa viver nesse mundo como se não fosse dele, guardando seu coração exclusivamente para o Senhor e Seu propósito. Se Jesus nos exortou para termos bastante cautela e não permitirmos que nada sobrecarregue o nosso coração (Lucas 21:34), é porque isso é sério e pode acontecer com todos. Guardar o nosso coração é uma atitude de sabedoria.

O Fruto de Deus, é como um antídoto para destruir e anular a morte que há no mundo. Em vários momentos e por várias maneiras, o mundo quer te trazer tristeza, desilusão, falta de esperança e frustração. Mas quando somos cheios do Espírito, somos fortalecidos pela Sua alegria em nosso espírito. *Portanto, não vos entristeçais, porque a alegria do SENHOR é a vossa força* (Neemias 8:10b).

Há uma força que é natural. O grande problema é que ela é finita. Muitas vezes as pessoas começam bem, mas com o decorrer dos dias vão enfraquecendo, esfriando e acabam até mesmo morrendo. A obra de Deus não é natural. As guerras que o ministro do Senhor enfrenta não são naturais. Por isso, precisamos também de uma alegria que não é natural, que não enfraquece, que não some. O Senhor nos fortalece, nos sustenta e nos dá a vitória de forma sobrenatural, ou seja, extraordinária.

Ter revelação da obra da cruz e da graça do Senhor Jesus nos garante uma vida vitoriosa. Jesus morreu na cruz para nos salvar, mas também para nos encher de júbilo.

Desembaraçando de todo peso e do pecado que nos assedia

Para que pudéssemos experimentar a alegria do Senhor hoje, Jesus suportou a vergonha do nosso pecado. É isso o que está escrito em Hebreus 12:2: *"Em troca da alegria que lhe estava proposta, suportou a cruz, não fazendo caso da ignomínia, e está assentado à destra do trono de Deus"*.

Na cruz houve uma bendita e santa troca. Ele não fez caso da vergonha, do escândalo das nossas transgressões, porque nos amou com amor eterno. Se queremos avançar e cumprir o propósito, precisamos aprender a olhar atentamente para Jesus e o Seu exemplo.

Quantas pessoas desistem da carreira porque olham demais para si mesmos! A Bíblia nos direciona a focarmos nossa atenção no Senhor, o autor e consumador da nossa fé e termos a atitude de nos desvencilhar de tudo aquilo que nos embaraça e nos assedia para o pecado. Precisamos nos despojar de toda e qualquer situação que tenta encobrir a paz e a alegria do Senhor em nossa vida.

Quando o imprevisto vier, ele não pode anular o que é eterno

Certa vez ministrei uma Palavra no aniversário da minha esposa. Foi um dia de honra para ela e o meu coração estava cheio de alegria e felicidade. Assim que saímos do lugar onde comemorávamos, peguei o carro para buscar meus filhos na escola. Na esquina, bati o carro. Posso lhe garantir que essa é uma experiência desagradável. Na hora, eu queria que aquilo fosse apenas um sonho (ou melhor, um pesadelo), mas de fato estava acontecendo. Então, percebi satanás querendo encobrir a minha alegria.

Precisamos estar atento, com aquilo que tenta encobrir nossa alegria. No Velho Testamento, o Espírito Santo ia e vinha sobre as pessoas. Por isso, naquela dispensação, os homens podiam perder a alegria. Você já viu como o rei Davi orou ao Senhor? *Cria em mim, ó Deus, um coração puro e renova dentro de mim um espírito inabalável. Não me repulses da tua presença, nem me retires o teu Santo Espírito. Restitui-me a alegria da tua salvação e sustenta-me com um espírito voluntário.* Salmo 51:10-12

Hoje o Espírito Santo habita em nós. Somos casa de Deus, morada do Altíssimo. Jamais perderemos a Sua presença em nosso espírito. Davi teve revelação a respeito da alegria da salvação. Todo crente deveria ter essa mesma revelação, pois é ela que nos garante a paz e a certeza da eternidade. As lutas desse mundo não podem nos separar do amor de Deus que está em Cristo Jesus. A presença do Espírito Santo deveria ser, para todo filho de Deus, o maior motivo de termos uma vida de completa e absoluta alegria. Jesus, inclusive, orou pedindo isso ao Pai: "*E eu rogarei ao Pai, e Ele vos dará outro Consolador, a fim de que esteja para sempre convosco, o Espírito da verdade, que o mundo não pode receber, porque não o vê, nem o conhece; vós o conheceis, porque Ele habita convosco e estará em vós.*" João 14:16-17

Precisamos disciplinar a nossa mente e a nossa boca para confessarmos e vivermos essa grande verdade de forma correta.

Tenho aprendido algo muito poderoso com o Senhor nesses anos de ministério: quanto mais você fala sobre algo, mais você se compromete com o que diz. Palavras não são somente palavras. Palavras espirituais são sementes. Quando eu começo a falar constantemente em crise e aceito ela em minha vida, é isso que vai me cercar.

Quando as coisas se tornam negativas – como um peso – em um determinado momento corremos o risco de desistir de tudo. Lembre-se: Deus nos separou para uma vida abundante e cheia de propósito. Por isso, em meus lábios e nos seus sempre estarão Palavras que exaltem o Seu Santo Nome.

Capítulo Nove

ALEGRE-SE COM O MOVER DE DEUS

A Igreja primitiva ganhou muitos em sua época. Aquela Igreja não era formada de grandes doutores, oradores ou mestres. Mais de 70% de seus membros nem sabiam ler. O que fez daquele povo um exército tão poderoso? Dentre muitos fatores como amor, revelação e desprendimento com o mundo, aqueles irmãos eram cheios de alegria. Essa era uma das marcas daquela Igreja tão poderosa.

A Bíblia nos mostra que fatores como gratidão, contentamento e alegria são fundamentos de uma obra prevalecente e de valor eterno.

Algo que a Igreja dos nossos dias tem perdido é exatamente essa percepção. Aquilo que deveria ser extraordinário, tem se transformado em algo comum e sem valor na vida de muitos irmãos.

O Senhor nos chamou para sermos restauradores. Muitos pensam que essa restauração tem a ver somente com a salvação do perdido; creio que este é apenas o primeiro passo. Acredito que Deus está levantando uma geração de sacerdotes que serão ministros da restauração do mover do Espírito Santo na Igreja. O Senhor está levantando ministros que expressarão Cristo trazendo a restauração da alegria, da honra e do louvor.

A alegria na igreja primitiva

A Igreja de Atos é o nosso maior referencial como Igreja. Aqueles irmãos experimentaram um extraordinário crescimento numérico, com diversos sinais, maravilhas e a plena manifestação do Reino. Dentre as marcas dessa preciosa comunidade, podemos ver a alegria na vida de cada um. O livro de Atos relata que eles partiam pão de casa em casa e tomavam as suas refeições com alegria e singeleza de coração, louvando a Deus e contando com a simpatia de todo o povo.

Onde há unidade de propósito, temor, alegria e singeleza de coração há governo de Deus sobre a terra. Isso aponta para a coroa que o Senhor quer nos entregar. Esse foi o estilo de vida dos homens de Deus que marcaram a história e conquistaram as gerações de sua época.

O apóstolo Paulo, além de viver cheio de alegria e contentamento, gerou discípulos com esse mesmo coração. Em uma ocasião, ele e Silas estavam feridos e presos em uma prisão (Atos 16:19-26). Após serem açoitados, foram presos em um tronco. Você faz ideia de como eram as prisões naquela época? O inimigo de todas as formas tentava abafar a alegria do Senhor na vida daqueles servos. Mas não conseguiu. Por volta da meia-noite, no momento mais sombrio daquele dia, eles começaram a louvar e engrandecer o Nome de Jesus.

A alegria rompeu de tal maneira que houve um terremoto naquele lugar. Deus deu àqueles homens uma coroa de autoridade. Todos os grilhões, todas as cadeias – não somente as de Paulo e Silas – foram quebradas e houve uma plena salvação naquele lugar. Até o carcereiro se converteu. O inimigo se tornou amigo e irmão. Quão poderoso é o nosso Deus!

A alegria na manifestação da glória

Onde há mover do céu, há liberação da alegria. O mundo precisa da verdadeira alegria. A Igreja precisa ser expressão das boas novas de Cristo. Por diversas vezes, já ouvi o testemunho de pessoas que resistiram a pregação do Evangelho porque tinham uma visão de que a Igreja era um lugar de pessoas tristes, sem expressões de alegria, celebração ou festas. Se a Igreja foi chamada para ser a porta-voz do Senhor, a expressão do Seu Reino, ela precisa de forma fiel representar o Seu caráter, o Seu coração.

Talvez a religião passe essa imagem de frieza, formalismo e ritualismo morto, mas a Igreja jamais deveria ser relacionada à essas coisas. A Igreja é o Corpo de Cristo e Jesus era cheio de alegria e gozo. Uma das maiores provas dessa verdade é que o Senhor sempre atraía crianças para perto de si. Eu jamais vi uma criança querer estar perto de alguém carrancudo, rabugento e triste.

Nos dias dos Atos dos Apóstolos, as pessoas se alegravam com a manifestação da glória de Deus. Nos nossos dias, muitos não valorizam essa manifestação. Alguns irmãos se acostumaram com a manifestação de milagres como se isso fosse uma coisa "a mais" dentre tantas outras atrações que o culto oferece. Diante de sinais e maravilhas, há aqueles que estão mais curiosos do que alegres.

A Igreja de Atos presenciou cidades inteiras se alegrando com a chegada do Evangelho do Reino: *"as multidões atendiam, unânimes, às coisas que Filipe dizia, ouvindo-as e vendo os sinais que ele operava. Pois os espíritos imundos de muitos possessos saíam gritando em alta voz; e muitos paralíticos e coxos foram curados. E houve grande alegria naquela cidade"* (Atos 8:6). Antes das nossas cidades serem tocadas com o testemunho da salvação, ele precisa tocar o nosso coração.

Ouço pessoas falarem que Deus não faz hoje como fazia antigamente. Será que isso é verdade? Creio que não. Talvez o que está acontecendo seja algo diferente: a Igreja dos nossos dias não está reconhecendo a glória de Deus como anteriormente reconhecia.

Deus continua o mesmo. As pessoas é que não tem o mesmo coração. Falta a revelação do princípio do temor e da honra. Muitos preferem enxergar apenas o agir humano, porque idolatram o homem ao invés de reconhecerem o Senhor Deus. Há lugares onde o centro da mensagem não é o Reino de Deus. Tudo é voltado para o interesse das pessoas, para o bem-estar transitório e para os desejos egoístas de uma vida materialista e mundana.

Nós não somos nada sem Deus. Estamos completamente perdidos. Precisamos reconhecer o quanto precisamos da glória de Deus em nossa vida, em nosso meio. E então haverá alegria não somente em nossos corações, mas nas cidades e nações.

A alegria da salvação

A salvação traz alegria: *"e, com todos os seus, manifestava grande alegria, por terem crido em Deus"*. Atos 16:34, veja como as pessoas se alegravam com a conversão das vidas! Nós somente temos aquilo que valorizamos. Se você é alguém que não celebra a salvação, você não verá ela acontecer com abundância.

Nós deveríamos nos alegrar e, não somente isso, mas festejar a salvação de cada pessoa. Uma vida vale mais do que o mundo inteiro! Mas muitas vezes a salvação de vidas tem se tornado algo comum em nosso meio.

Esses dias comentei com um irmão que tivemos dezenas de pessoas aceitando a Jesus em um de nossos cultos. O que ele fez? Simplesmente ouviu, não houve expressão alguma. Mas veja agora a atitude do Senhor Jesus: quando os discípulos voltaram do envio relatando que os demônios se submetiam à eles e as pessoas eram salvas, Ele exultou de alegria.

Isso tudo tem a ver com a alegria do Senhor em nosso coração. A Palavra de Deus afirma que, quando um pecador se arrepende há uma grande festa nos céus: *"alegrai-vos comigo, porque já achei a minha ovelha perdida. Digo-vos que, assim, haverá maior júbilo no céu por um pecador que se arrepende do que por noventa e nove justos que não necessitam de arrependimento"*. Lucas 15:6-7. Se o céu celebra, a Igreja também deve expressar celebração. Se o céu festeja, a Igreja deve ser um lugar de grande exultação.

Às vezes, somos capazes de festejar pelo batismo dos 100, ou dos 1000. Mas e quando uma vida se converte, qual é a nossa atitude? Veja que o padrão de Deus é muito mais alto: quando um pecador se arrepende, há uma grande festa no céu. O Senhor celebra a recuperação e a restauração de uma única ovelha que se perdeu.

O bom pastor é aquele que guarda as 99 ovelhas e vai atrás da única que se extraviou. Isso nos mostra princípios tão profundos. Deus se importa com cada detalhe. Ele se importa com cada um de nós. Jesus morreu pelo mundo inteiro, mas se fosse necessário morrer somente por você, Ele teria feito tudo novamente.

O Senhor não te vê como um número, nem somente como uma pessoa. Ele te vê como um filho.

Quando te encontra, com um coração cheio de júbilo – uma alegria extraordinária – Ele te coloca sobre os Seus ombros e te leva para o lugar do Seu propósito.

Deus quer restaurar e compartilhar essa mesma alegria em nosso coração. Ele diz: "Alegrai-vos" A alegria do Senhor está na Sua casa. Quando estamos no centro da vontade de Deus, somos cheios de gratidão e contentamento. Ele quer nos inundar com esse júbilo para que cada área da nossa vida seja tocada e transformada. Assim como o bom pastor, o Senhor quer nos levantar como instrumentos para trazer as ovelhas que se perderam para a comunhão da Sua presença.

Conclusão

> A fim de que se chamem carvalhos de justiça, plantados pelo SENHOR para a sua glória.
> Isaías 61:3b

O Senhor nos separou para sermos chamados de carvalhos de justiça. O que isso tem a ver com alegria? Carvalho é uma madeira nobre e resistente: ela dura até mil anos. No nosso caso, não temos duração, pois recebemos a natureza do Senhor Jesus e fomos feitos eternos. Ele nos chamou para a nobreza, para expressarmos a glória de Deus sobre a terra.

O processo de formação dessa árvore é muito interessante. Quando você planta um carvalho, ele passa por grandes testes: mudança de climas e estações, ventos e tempestades. Quanto maiores adversidades ele enfrentar, mais profundas serão suas raízes. Isso determinará não somente a sua duração, mas o seu tamanho. Quanto mais profunda é a raiz de uma árvore, mais forte e estável ela será.

O Senhor está nos falando através de símbolos. Todas as crises que passamos, lutas, adversidades estão produzindo em nós um eterno peso de glória. Aquilo que é eterno não pode ser destruído.

Quando passamos por tribulações e não desistimos, temos a oportunidade de experimentar do Senhor e conhecê-lO numa nova medida. Quando temos um coração cheio de confiança e alegria, experimentamos mais do Senhor e nos tornamos mais dependentes, fortes e estáveis no Pai. Nosso tamanho cresce no mundo do espírito.

> Tamanho aponta para autoridade e influência. O Espírito Santo tem confirmado a nossa vida através de cada uma dessas situações. Temos crescido em revelação e graça. Em todas as coisas somos mais que vencedores por meio daquele que nos amou (Romanos 8:37).

Não veja as suas crises como ameaças. Tudo em sua vida está debaixo do controle soberano do nosso Deus. Na verdade, elas são apenas circunstâncias para o seu aperfeiçoamento, maturidade e crescimento. Cada batalha é uma grande oportunidade para o Senhor nos coroar, nos dar a Sua unção e nos manifestar com vestes de louvor.

Muitos ministros perderam o vigor, a força e forma abalados em sua fé no decorrer da sua caminhada. Dentre muitos fatores que possam ter causado esse quadro de derrota, penso que a falta de revelação da alegria residente possa ter sido um agravante diante destas situações.

O diabo tem destruído a vida de muitos homens, matando-os aos poucos, de forma sutil e astuta. Apesar de passarmos por grandes tribulações nessa vida, podemos ter bom ânimo. A alegria do Senhor nos faz prevalecer. Ela sempre está em nós na pessoa do Espírito Santo, que nos conduz em triunfo. Cristo disse: "no mundo tereis aflições, *mas tende bom ânimo*, eu venci o mundo." João 16:33

Não estamos aqui por acaso e nem queremos edificar algo passageiro. Queremos estabelecer uma obra que tem valor eterno, que será testada pelo fogo e permanecerá (1Coríntios 3:13-14). Num tempo em que muitos têm pregado um evangelho raso, superficial – com prazo de validade – o Senhor está nos convidando a vivermos uma vida cristã verdadeira, profunda e abundante.

Creio com todo o meu coração que o Senhor nos chamou para edificar uma obra prevalecente. Queremos ser chamados de carvalho de justiça. O carvalho de justiça representa uma obra que foi checada em todas as estações e que, apesar de tudo, permaneceu firme por possuir raízes profundas e estar firmada em um solo adequado.

Não estamos edificando algo para os próximos seis meses, nem para os anos que estão à nossa frente. Estamos edificando algo para a eternidade, porque o nosso Deus é eterno.

Meu desejo é, em Nome do Senhor Jesus Cristo, levar cada irmão à revelação dessa consciência: fomos chamados de carvalhos de justiça para perseverarmos e, cheios de alegria, edificarmos a Casa de Deus, que dura para sempre. Alegrai-vos sempre no Senhor!